थोडासा जी
लेता हूँ मै
कविताएँ और गजले

राहे मंजिल मे भटका हुआ मुसाफिर हूँ लेकिन,
किसी खुबसूरत मोड पे थोडासा जी लेता हूँ मै

- राजू राऊत

मनोगत

यह मेरा प्रथम हिंदी - उर्दू काव्यसंग्रह है. रसिकजनों को भेंट करते हुए मुझे अपार खुशी हो रही है और उम्मीद करता हूँ कि ये रचनाएँ आपके दिल को छू लेगी. मेरी जन्मभूमि पूना तथा कर्म भूमि मुंबई रही है. व्यक्तिगत जीवन के बारे में कहूं तो मैं बचपन से ही मितभाषी और संवेदनशील रहा हूँ.

मुंबई महानगर के मुंब्रा उपनगर में हिंदू - मुस्लिम मिश्र सांस्कृतिक माहौल में मैं पला-बढ़ा हूँ. मेरे पिताजी एक मूर्तिकार, लेखक तथा समाजसेवक थे. साहित्य के प्रति मन में जिज्ञासा उत्पन्न होने का श्रेय मेरे परम आदरणीय पिताजी को ही जाता है.

महाविद्यालयीन जीवन में हिंदी एवं उर्दू के महान कवियों शैलेंद्र, साहिर, गुलज़ार जैसे अनेकानेक दिग्गजों को पढ़ने से मुझे कविता, गज़ल लिखने की प्रेरणा मिली. साहित्य के प्रति मेरी बेचैनी ही मेरा शक्तिस्थल रहा है. मेरी राय मे कवी गुलमोहर की तरह होता है.तपे हुए माहौल मे वह और निखरता है. उसका तडपना अर्थपुर्ण होता है.

स्वयं की कलम से कहूँ तो ;

जिगर की तड़प में ज़िंदगानी छुपी है,

सुकून ए दिल में शायर की मौत लिखी है.

मैंने वैश्विक मूल्यों को समझने की कोशिश सदैव की है. हमारे जीवन में कही गई बातों से भी गहरा असर अनकही बातों का होता है. हर एक अनुभूति को, अहसास को शब्दों में व्यक्त करना भी एक चुनौती है.

मैंने अपनी कविता में लिखा है-

बिक रही है सरे बाज़ार

बिगड़ी हुई तस्वीरें ज़िंदगी की,

अब दिखा दे ज़िंदगी को

शीशा ए हकीकत कोई

अनुक्रमणिका

१ – हर शख्स खुद को ५

२ – ये दिल बिखर गये लम्हों का ६

३ – मेरा शहर ७

४ – लेकिन ८

५ – शराफत ९

६ – कायनात के हर ज़र्रे की १०

७ – जुदा बच्चे ११

८ – नयी दुनियाँ का बुद्ध १२

९ – खामोश १३

१० – आज़माया हर फलसफा १४

११ – विद्रोह १५

१२ – साथी १६

१३ – वास्ता-ए- खून देकर १७

१४ – गम १८

१५ – अंदाज़ १९

१६ – अब भी २०

१७– आज़माया ज़माना २१

१८ – किसी की अश्क भरी निगाहों में २२

१९ – दो चेहरे २३

२० – तुम मुस्कुराओ तो २४

२१ – हुए परेशान २५

२२ – कैदखाना २६
२३ – मासूम २७
२४ – मेरा सपना २८
२५ – अहसास २९
२६ – खबर ३०
२७ – तुमने ३१
२८ – तुम ३२
२९ – दिल का आईना बन के ३३
३० – माना तेरे गम में हमे ३४
३१ – वतन का हर मसिहा ३५
३२ – ख्वाबों की तस्वीर में ३६
३३ – इक ख्याब के खातिर ३७
३४– हर आईना मुझ को ३८
३५ – किसी कि नज़र को ३९
३६ – कोलाज ४०
३७– जीवन ४१
३८ – थोडासा जी लेता हूँ मै ४२
३९ – गुलज़ार - मेरी नज़र में ४३
४० – भुके पेट कोई ४५
४१ – मनमोर ४६

१ हर शख्स खुदको

हर शख्स खुद को संभलता नज़र आया
पर चुप सी निगाहों मे बडा शोर नज़र आया

नफरत बनी है सरेबाज़ार दिखाने की चिज़
ज़बाँन ए इश्क को नादा दिलमें छुपाता नज़र आया,

जिस पर था फक्र, जहाँ के हर मुसाफीर को
रहेनुमा सहेरा में भटकता नज़र आया,

हर कोई करले बात, ज़माने से नज़रे मिला कर
उनकी निगाहो में देखा, साहिल डुबता हुआ नज़र आया.

शख्स - व्यक्ती, ज़बाँन ए इश्क - प्रेमकी भाषा,
रहेनुमा - राह दिखाने वाला, साहिल – किनारा

२ ये दिल बिखर गये लम्हों का

ये दिल बिखर गये लम्हों का, अंजुमन है शायद कोई
नहीं बुझती प्यास जिगर की, कबतक पिये ज़हर कोई,

खुदको दे धोखा खुशी से, इसी का है नाम ज़िंदगी
टूटे सितार से बजने की बारहा करे उम्मीद कोई,

पलते जा रहे है जख्म, वक्त के साये में तनहा
फिर दिखा न दे झुठी तज़ल्ली का चाँद कोई,

बिक रही है सर ए बाजा़र, बिगडी हुयी तस्वीरे ज़िंदगी की
अब दिखा दे ज़िंदगी को शिशा ए हकिकत कोई.

३ मेरा शहर

मेरे प्यारे भारत के सीने पर
बसा है एक शहर,
जहाँ हर चिज़ बिकती है
बिकती है, ज़िंदगी और मौत
होता है, व्यापार शर्म ओ हया का
कत्ल होते है उजले सपने
रात के अंधेरो मे,
यहाँ लापता है ज़मीर
और मसरूफ सारा शहर
कौन मनायेगा मातम
इन्सानियत के मौत का,
बंद करो बकवास
आँसू और जज़बात की,
शायद मिल नही पायेगा
खरीददार उसे,
बनके रह जाओगे
भुखमरी की डॉक्यूमेंटरी.

४ लेकिन

मजबूर होकर
आँसुओ मे मुस्कुराना
दिल को समझाते,
लेकिन वो मुस्कुरा कर
खामोश हो जाना
अब तक नही भूले हम,
होठों को दबा कर
चुप रहना
हसी में उडा देते,
लेकिन वो बेचैन
आँखों का पुकारना
अब तक नही भूले हम,
अनजान बन कर
राह से गुज़र जाना
मान लेते,
लेकिन वो मुड कर देखना
अब तक नही भुले हम.

५ शराफत

अपने ज़मीर को
झाँक कर देखा हमने,
कुछ शराफत बची है
दिलमें अपने,
दुनिया में कहीं है, शराफत ?
निकले ढुंढने,

न थी उम्मीद
मिलेगी सादगी
कोठे पर मगर,
गली गली में इज्ज़त की
आतिषबाजी देखी,
नज़रों की दुनिया में
बाज़ार ए इश्क देखा,
बच्चों की मासुमीयत
ढलती देखी,

बदनामों की दुनिया मे
इमानदारों की दलाली देखी,

चकरा गये किसी
शरीफ को देख कर,
पता चला वो
पागलों की बस्ती थी.

६ कायनात के हर ज़र्रे की

कायनात के हर ज़र्रे की, धडकन है तू ए खामोशी,
कहाँ खो गयी तू, बेअसर ज़बानों की गर्दिश मे ए खामोशी,

न जाने तेरे अंजाम से, क्यों डरे है ज़माना,
बडी किमती चिज़ है तू, ए खामोशी

तेरे साये में छुप कर तुफाँ भी आता है कभी,
बदनाम तूझे कर जाता है ए खामोशी,

ज़ालिम ज़माने से बगावत हुयी है जब भी कभी,
हर चिखी रूह के पिछे तू ही थी ए खामोशी,

चिल्लाती हुयी भीड़ के सोये ज़मीरों को जगाता है कोई,
मसिहा तूझसे ही तो बतियाता है ए खामोशी,

हर पल होता आया है, कत्ल तेरा सदियों से,
किस ज़बा में बयाँ करेगी, फरयाद अपनी ए खामोशी.

७ जुदा बच्चे

हम दो इन्सान धरती पर
और दरमियाँन है महासागर
मिट गया अब,
ज़मी और चाँद का फासला,
पर अलग अलग लिबास में
कितने दूर हम,
एक ही माँ के जुदा बच्चे
सदियों से मिल कर
कब उतारेंगे हम
नकली चेहरे विरासत के
कब मिलेंगे गले
इन्सान बन कर.

८ नयी दुनिया का बुद्ध

हर तरफ लाशों के ढेर,
मुर्दों के बीच वो काला बच्चा,
रो रो कर थका हुआसा,
वो नहीं जानता,
उसका दूध छिननेवाली,
महासत्ताओं की राजनीती

पर देख रहा है वह,
जिंदगी का काला सच,
जियेगा वह ज़ख्म लेकर,
गोलियों की बौछार में,
तलाशेगा मानी
खून और रिश्तों के

और यहाँ हमारी नस्ल
ज़मी के टुकडों से बंधी हुयी,
कैसे आयेगा बदलाव
चार दिवारो में सुरक्षित कलम से,
क्या बन पायेगा वह बच्चा ?

नयी दुनिया का जवाब,
आसमा से जुडा हुआ
कल का यिशू या बुद्ध.

(विषय – न्युजविक के मुखपृष्ट पर का छायाचित्र)

९ खामोश

मंज़र दिखता है
एक अजीब सा
हर कदम पर,

थक जाती है
दो आँखे
हैरान होकर,

उग आती है
सैंकडो जबान
मेरे जिस्म पर

पर अब तक है
खामोश चिंगारी
सीने में दब कर.

१० आजमाया हर फलसफा

आज़माया हर फलसफा, मुआँमला दिल का आसान न हुआ,
गुज़र गयी उम्र तमाम, गुज़ारा न हुआ,

हर मज़ा है कतरा ए शबनम मिलेगा खाक में,
एक नशा ए दर्द फकत, बेमज़ा न हुआ,

वो जलवा कैसा, हुयी थी मुलाकात ज़िंदगी से,
बेसुद गयी जवानी सही, गुनाह ना हुआ,

बेखुदी में वो नूर ए नज़र बटोरते रहे,
कैसे जगाते खुद को, मुस्कुराना न हुआ.

११ विद्रोह

मुझ में भडक उठती है कभी,
विद्रोह की सैकडो चिंगारीयाँ,
ललकारती है हरेक व्यवस्था को,
पर नज़र आते है चमन पे
बलिदान करनेवाले मसिहा
और बिखर जाती है
चिंगारीयाँ चाँदनी बन कर,
बरसने लगते है
आँसू शबनम बन कर,
पर कैसे बनू खाद उस चमन में
जहाँ फुल कम,
खार ही खार है, हरतरफ !

१२ साथी

वक्त की आगोश में
टूट गये थे हज़ारों सपने
काँच की चुडीयों की तरह
दे गये थे प्यारे ज़ख्म
कुछ बने थे नासूर
कुछ मिट गये थे
नयी हवा के साथ
अपने निशान छोड कर
वक्त की धारा में बह कर भी
चंद पल है बंद मुट्ठी में,
वही तो है ज़ख्मों के साथी
कल, आज और कल भी.

१३ वास्ता-ए- खून दे कर

वास्ता ए खून देक र, ना आज़माओ रिश्तों को,
ज्यादा सच भी नहीं अच्छा सेहत ए ज़माने के लिये,

शिशा ए हकिकत देख कर, जले हम कुछ इस कदर
अश्क आमेज़ आँखे मेरी, बन गयी शिशा ज़माने के लिये,

बयान ए ज़मीर ये कलम क्या बताये ठिकाना मेरा,
भटकता मुसाफिर हूँ मै, अपना ही पता लिये.

वास्ता ए खून - खून का वास्ता,
शिशा ए हकिकत - हकिकत का आइना,
अश्क आमेज़ – आँसुभरी

१४ गम

आलम ए वहशत मे,
ज़हर है गम,
याँदों को जताने की
दवा है गम,

मुहब्बत की राह मे
इबादत है गम,
इश्कवालों को रूलाती
मर्सीया है गम,

जीतेजी मारेगा
वो कातिल है गम,
गहरी नींद से जगायेगा
वो ज़ख्म है गम

आलम ए वहशत - तनहा जीवन
इबादत - उपासना, पूजा
मर्सिया - शोकगीत

१५ अंदाज

एक बार जनम लेके, मै हज़ार बार मरता हूँ,
मुस्कान पे मर मिटता, कभी आँसुओ में डुब जाता हूँ,

जीते है लोग, बगैर हादसा सौ साल तक
मै हर पल मरने जीने का हुनर आज़माता हूँ,

दुनिया करती है, आसमा पे छा जाने का चर्चा,
मै खयालो में खो जाता, कभी खामोशी में दफ्न हो जाता हूँ,

मेरी जिंदगी का अंदाज ए कारोबार है सब से जुदा,
तडपता हूँ जब कभी, थोडासा जी लेता हूँ.

१६ अब भी

आँखो मे नमी जैसे, सहेरा में समंदर खोया हुआ
बेज़ुबाँ परेशा दिल, वक्त की आगोश में सोया हुआ,

अब भी ये वहम, दरिचे से वो आँखे पुकारती होगी
लापता है वो मकाँ, फिर भी दिल है अड़ा हुआ,

किताब खोलता हूँ आहीस्ता, कि बहार आ जाए
गुल तो वही, पर रंग ओ खुशबू है उड़ा हुआ.

१७ आज़माया ज़माना

आज़माया ज़माना खुद को आज़माना है बाकी
बिखर के जुडा हूँ बारहा अब निखरना है बाकी,

समंदर कि हलचल से न डरा मुझे ए दोस्त
उतर के भँवर मे कश्ती का टकराना है बाकी,

चरागदा ओ मीनारों की बुलंदीयों को क्यों मै नापू
अभी पंखों को ललकारता आसमान है बाकी,

थके पावों को कैसे दू इजाज़त रुकने की
अभी कुछ कर गुज़रने का अरमान है बाकी.

१८ किसी की अश्क भरी निगाहों में

किसी की अश्क भरी निगाहों में खुदखुशी कर ली मैने,
खुदगर्ज दुनियाँ को झुठला कर दर्द को अपना लिया मैने,

हकिकत पे रोती ज़िंदगी को बिते लम्हो का वास्ता दिया मैने,
यादों के दिये जला कर जश्ऩ ए चराग मना लिया मैने,

निगाह ए शौक में ज़िंदगी का बहाना ढुँढ लिया मैने,
गम ए फिराक में भी मुस्कुराना सीख लिया मैने.

जश्ऩ ए चराग - दिपोत्सव
निगाह ए शौक - प्रेमभरी दृष्टी
गम ए फिराक – बिरहा का दुःख

१९ दो चेहरे

बहार बन के आया था
कोई चेहरा सूनी राह मे,
हम निहारते रहे
ख्वाब की तरह उसे,

पलक झपकते ही
मुड़ गया था वो,
थम गयी थी
आवाज़ घुँगरूओं की,

जब पलट कर देखा उसने
चेहरा कोई और था,
शायद बदल गया था मौसम.

२० तुम मुस्कुराओ तो

तुम मुस्कुराओ तो, बोझ आसमासा पिघलता है जैसे
हर लम्हा सुकून ए दिल से महक जाता है जैसे

तस्वीर ए जहाँ निखरती है, पलक झपकते यू
पल भर में जिंदगी सवर जाती है जैसे

तुम्हारी नजर हयात ए दिल का सबुत देती है इस कदर
तुम्हारी खामोशी भी लफ्जो को जिंदगी देती है जैसे

जिंदा बूत हो या खुदा ने तराशा ख्वाब हो तुम
उसके किमिया की नायाब निशानी हो जैसे

२१ हुए परेशान

हुए परेशान कभी वो पुकारते अश्को पर
और परेशान कभी वो पहली मुस्कान पर,

किसी पल उनकी बख्शी जागीर ए रंज सताती रही,
कभी ख्वाब सताए आलम ए तिजारत से दिलायी नज़ात पर,

न था ज़िंदगी से प्यार, तो मौत से हैरानी कैसी,
हम तो परेशान थे, सज़ा ए हयात पर.

जागीर ए रंज- दुःख का साम्राज्य
आलम ए तिज़ारत - व्यवहारी दुनियाँ.
नज़ात - मुक्ती
सज़ा ए हयात – जीने की सज़ा

२२ कैदखाना

ख्वाबों की लाशों पर
हमने बनाया है एक घर
इट पत्थरों का,

जिसकी नींव है
आँसूओं के सिंचन से
धसी हुयी,

और छत है
आसमा के तारों से
हमे जूदा करनेवाला,

बेखबर दोस्तो
मै सून रहा हूँ
दफनाये ख्वाबों की गहरी साँस

हो सकता है भुकंप
ढेर हो सकता है
आपका प्यारा कैदखाना.

२३ मासूम

हमने देखे है
कुछ मासूम चेहरे,
जिनकी आँखे
बेवजह शरमाती नही,
जिन्हे देखकर
हम न जाने क्यो
शरमाते है,
उनकी जुबान
बेकार चलती नही,
जिनकी तारीफ में
हम नग्मे लिखते है,
उनके कदम
चलने के लिये
नही होते है,
जिनकी तलाश में
हम ज़िंदगी भर
चलते रहते है.

२४ मेरा सपना

मेरा माथा
मानो कोई बंजर भूमि
पर वो मुस्काया
और लिख गया
एक शब्द ललाटरेखा पर मेरे
'सपना'

पायल का एक अनाहत नाद
जैसे हवा मे खोयी खुशबू
वही धूप छावसा खेल
मेरा सपना

मेरे अस्तित्व का साक्षी
मेरा सपना
मेरे भीतर छिपा मेरा साथी
मेरा सपना

२५ अहसास

अब तो हर गली में
है तेरी मौजुदगी,

हर साँस है
अहसास ए मौत,

हर रात है
बज़्म ए ज़ख्म,

हर पल है
डुबनेवाला यादों के साथ

बज़्म -ए-ज़ख्म – ज़खमों की महफिल

२६ खबर

उनके शहर में होने की
मिली जो खबर,
जिस से हम भी
न थे बेखबर,
फिर दिल में धडकन का
अहसास क्यों दे गयी,
बेजुँबा नग्मों को
नया साज़ क्यों दे गयी,
बहते जीवन को
प्यास क्यों दे गयी,
टुटे हुये सितार को
आवाज़ क्यों दे गयी

२७ तुमने

तुमने दिया उजाला जीवनको
तुमने ही दिया मोल आसुओंको,
तुमने सजाया मनमंदिरको
तुमने ही बनाया भयग्रस्त खंडहरको,
तुमने सिखाया, साँवनमें जलना
तुमनेही सिखाया पतझड़में खिलना,
तुमने छोडा महेफिलमें अकेला
तुमनेही रचाया यादोंका मेला,
तुमने पढाया प्रीतका अर्थ
तुमने ही दिखायी रूढीयाँ व्यर्थ,
तुमने जोडे बंधन अटूट
तुमने ही तोडी श्रृंखलाए झुठ,
तुमने समझाया मौन का मोल
तुमने ही दिये काव्यशब्द अनमोल,
तुमने दिलायी निद्रासे जागृती
तुमनेही सँजोयी सप्नोंकी आसक्ती,
तुमने जगायी आँस है
तुमसेही जीवनमें मधुमास है,
तुमसे नश्वर देह की साँस है
तुमसे ही जीवन की प्यास है.

२८ तुम

खोये बच्चे को पूकारती
कोई लोरी हो तुम,

मेरे आत्मा से खेलती
कान्हा की बांसुरी हो तुम,

शुद्ध स्वर की सच्ची
सहेली हो तुम,

निराकार की उंगली थामे
साकार पहेली हो तुम.

२९ दिलका आईना बनके

दिलका आईना बनके हर दोस्त बेगाना रहा
कैसे दूँ इल्ज़ाम जिनसे गुलशन ए ख्वाब बना रहा,

बहारो कब तक करोगे, आवारा तुफाँ से दोस्ती
गर दिवाना अपनी ही अदा में मचलता रहा,

लुत्फ ए तवज्जोह से उठा फलक पे, फिर नाज़ील हुआ
यही है नस्ले इन्सा का दस्तूर, वही होता रहा,

साज़िश ए जहाँ से कि थी मैने बगावत मगर
अपने ही दिल में रिश्तों के सुरंग उगाता रहा.

गुलशन ए ख्वाब - सपनों का बाग
लुत्फ ए तवज्जोह - कृपा स्वाद
फलक - आकाश
नाज़ील – गिरा
साज़िश ए जहाँ - दुनिया का षडयंत्र

३० माना तेरे गम में हमे

माना तेरे गम में हमे, मरना नही आया,
बिन तेरे एक पल भी लेकिन, जीना नही आया,

शामोसहर याँद में तेरी, रोना नही आया,
खिलखिला के हँस दे जिगर, ऐसा लमहा भी न आया,

दर्द ही जब बना नशा तो, आसमासा दर्द मांगा,
ज़हर से भी प्यास बुझे, पर प्याला भरा न आया,

३१ वतन का हर मसिहा

वतन का हर मसिहा, शक के घेरे में नज़र आता है,
चमन का हर गुल भी अब, क्यो खार नज़र आता है,

छाया है कैसा, वहम का ये नशा,
मुस्कुराता हर गुलाम, उन्हे आज़ाद नज़र आता है,

पर्दा हटाके, कर गुफ्तगूँ ज़मीर से
क्यो कारवा शरीफों का, बेजान नज़र आता है,

कठघरे में खुद को, किया है खडा़ तनहा
अब देखे, क्या क्या नज़र आता है,

जले है मासूमों के दिल तो, ज़रूर मचेगी हलचल,
ये है शुरूआत तुफान की, सब खामोश नज़र आता है.

वहम - भ्रम
गुफ्तगू - बातचीत
ज़मीर – अंतर्मन

३२ ख्वाबों की तस्वीरमें

ख्वाबोंकी तस्वीर में वो रौनक नज़र नही आती
परेशाँ आँखो मे कोई नमी नज़र नही आती,

खौफ नही अंगारो से खेलते, इन्कलाबी हातों को लेकिन
अधमरी सर्द रातो में, कोई चिंगारी भी नज़र नही आती,

छाया है जोशे जवानी, वतन पे हर तरफ
वो तडप, वो शौके बेखुदी नज़र नही आती.

३३ इक ख्वाब के खातिर

इक ख्वाब के खातिर, हर अफसाना बिखर के रह गया,
खुली साँस की खातिर, कोई दिवाना खुद को मिटा के रह गया,

किसी भगतसिंग ने फलक पे लिखा नाम ए इन्कलाब,
कलम मेरा सज़ा ए मौतपे, अपनीही, टूट के रह गया,

सब माँगे है, फ़ुलों के हार चमन रो,
कोई बहार अपनी, चमन पे लुटा के रह गया,

दिल ने तडप के माँगा, एक नगमा हाल ए वतनपे,
बेजुबा अहेसाँस मेरा खामुशी में, दफ्न हो के रह गया.

३४ हर आईना मुझ को

हर आईना मुझ को मेरी पहचान नई देता है
सुलझती राह को तुफान, बना देता है,

वही खेल पुराना नज़रों का, सदीयों से मगर
नया छल, बारहा अंजाम नया देता है,

समेट के वजुद, राह ए तनहाई में जब भी चल देता हूँ
कोई अनजान मुझ पे, मुस्कान बिखेर देता है.

३५ किसी कि नज़र को

किसी कि नज़र को सजदा किया हमने
खुदा की किमीया को कुबुल किया हमने,

निज़ाम ए आलम से बगावत करे कैसे
मुस्कान की जंजिर को न तोडा़ हमने,

हर मोड़ पर बिछा है जाल हुस्न का
सबक ए नज़ात को फिर भुला दिया हमने,

बेखुदी ने कहा, न मिलेगी तस्वीर खुदा की
दिल के छालो में, तस्वीर ए इश्क तलाशा हमने.

३६ कोलाज

पृथ्वीगोल का केंद्रबिंदू हूँ मै,
स्वयं को ढुँढता हुआ,
भीड़ में, तनहाई में, जीवन की गहराई में,
अस्तित्व को समेटता हुआ,
बिखरे हुए लमहो में,
थमी हुयी साँसों में, काल के पदन्यासो में,
जोड दुँगा शायद, अनगिनत टुकडों को,
कुछ हसते रोते, कहे अनकहे पन्नोमें,
पर क्या जागेगी जिंदगी ?
खुबसूरत बेजान कोलाज में

३७ जीवन

बिना पतवार के, बिना खिवैय्या
बहती जाती, मन की नैय्या,
पग में है काँटे बिछे,
आँखो मे सपना सँजोया,
जीवन एक भुलभुलैया,
नवरस भरी ये दुनिया सारी,
हसती रोती मायानगरी,
कणकण में है, डोर बंधी,
टुटे से भी आँस बंधाया,
जीवन एक भूलभुलैय्या.

३८ थोडासा जी लेता हूँ मै

एक नई नज़्म को पा लेता हूँ मै,
जब भी अहसास की गहराईयों को छू लेता हूँ मै,

आँखो मे थकान और, चेहरे पे झुर्रीया है लेकिन,
कलम की अंदाज़ ए ताज़गी को, कहाँ भूल पाता हूँ मै,

अंदर के शायर को हरपल, मरते देखता हूँ जब,
अपनी ही मौतपे, थोडासा रो लेता हूँ मै,

राह ए मंजिल मे, भटका हुआ, मुसाफिर हूँ लेकिन,
किसी खुबसुरत मोडपें, थोडासा जी लेता हूँ मै.

३९ गुलज़ार - मेरी नज़र मे

उस गुलज़ार स्पर्श से
थर्रा उठी थी कलम,
अब हवाओं की खुशबू
झरनेवाली थी
कलम की स्याही बनकर,

लफ्ज़ों के कफस से दूर
जीवन की सुंदरता,
अब नाच रही थी
उन उंगलियों पे,
तितली बनकर
अधीर सी
काग़ज़ पे उतरने के लिए,

वो फुल चांद तारों का
शायर नहीं था
उसमें था हूनर
अनकही से बतियाने का,
वो सून सकता था
खामोशी की आहट,
उसमें थी अंजली मे

समंदर भर लाने की चाहत,
वो चल देता
कविता की उंगली थाम कर,
अनजान राह पर
कभी पुकारती उसे
घुंघरूओं की धड़कन
रह रह कर,

वो देख रहा था
दृश्य के उस पार,
विनाश और सृजन का
अनोखा खेल और मेल
निरंतर चलनेवाला,
मानो कलम भी
उंगली थी उसकी
छठवीं नहीं
कर्ण की तरह पहली,
कुमारी कुंती माता की
विशुद्ध समर्पण की
आहूति से जन्मी हुयी,
अग्नी शिखासी.

४० भुके पेट कोई

भुके पेट कोई, फसाद ओ जंग नहीं होता
ये भी सच है यारो, रोटी का कोई रंग नहीं होता,

जी गये वली, रंग ओ खुशबु फलसफों की
काश अपने हाथ, सुखा गुलाब आया न होता,

रहमत का सिक्का, तहज़ीब मे खोया है वरना
कोई बंदा नंगा भुका, सोया न होता,

गर हर कोई तलाशता, इन्सान अपने ही अंदर
बिगडते हुए जमाने पर, रोया न होता.

४१ मनमोर

सागर जब छलक उठा
बादल छाये घनघोर,
घुंघरू बिन नहीं रुका
नाच उठा मनमोर,
तिमिर के आंगन मे चंद्रमा मुसकाया
सृष्टि का मन भी देख उसे ललचाया
चांदनी बरस पडी चहू ओर,
बुंद बुंद को तरसाया
अमृत फिर बरसाया
तन मन में जाग उठा हिलौर.

www.ingramcontent.com/pod-product-compliance
Lightning Source LLC
LaVergne TN
LVHW041256150826
845673LV00008B/2621

* 9 7 9 8 8 9 2 7 7 1 3 5 1 *